Reuniões objetivas

SUA CARREIRA EM 20 MINUTOS

Reuniões objetivas

Título original: *Running Meetings [HBR 20-Minute Manager Series]*
Copyright © 2014 por Harvard Business School Publishing Corporation
Copyright da tradução © 2022 por GMT Editores Ltda.
Publicado mediante acordo com a Harvard Business Review Press.

Todos os direitos reservados. Nenhuma parte deste livro pode
ser utilizada ou reproduzida sob quaisquer meios existentes
sem autorização por escrito dos editores.

TRADUÇÃO:	Marcelo Schild
PREPARO DE ORIGINAIS:	Fernanda Lizardo
REVISÃO:	Luis Américo Costa e Midori Hatai
DIAGRAMAÇÃO:	DTPhoenix Editorial
CAPA:	DuatDesign
IMPRESSÃO E ACABAMENTO:	Lis Gráfica e Editora Ltda.

CIP-BRASIL. CATALOGAÇÃO NA PUBLICAÇÃO
SINDICATO NACIONAL DOS EDITORES DE LIVROS, RJ

R345

Reuniões objetivas / Harvard Business Review; [tradução Marcelo Schild]. – 1. ed. – Rio de Janeiro: Sextante, 2022.
128 p. ; 18 cm. (Sua Carreira em 20 minutos)

Tradução de: Running meetings
ISBN 978-65-5564-446-3

1. Reuniões de negócios. I. Schild, Marcelo. II. Série.

22-77970

CDD: 658.456
CDU: 005.57

Gabriela Faray Ferreira Lopes – Bibliotecária – CRB-7/6643

Todos os direitos reservados, no Brasil, por
GMT Editores Ltda.
Rua Voluntários da Pátria, 45 – Gr. 1.404 – Botafogo
22270-000 – Rio de Janeiro – RJ
Tel.: (21) 2538-4100 – Fax: (21) 2286-9244
E-mail: atendimento@sextante.com.br
www.sextante.com.br

Sumário

Apresentação — 7

Conduzindo reuniões objetivas — 11

Preparando-se para a reunião — 17
Qual é o motivo da reunião? — 18
Definindo a pauta — 20
Identificando os participantes adequados — 26
Fazendo o convite — 34
Finalizando suas preparações — 39
Você realmente precisa de uma reunião? — 42
Lista de tópicos da reunião — 44

Conduzindo a reunião — 49
Iniciando a reunião — 50
Cumprindo a pauta — 53
Encerrando a reunião — 63

O dia seguinte: fixando o conteúdo da reunião   67
   A ata   67
   Como você se saiu?   74
   Lista de controle para acompanhamento
   da reunião   75

Conduzindo tipos específicos de reunião   81
   Solucionando um problema   81
   Tomando uma decisão   84
   Reuniões virtuais   86

Quando boas reuniões saem dos trilhos
e como recuperá-las   97
   O que fazer quando...   98

Saiba mais   111
Fontes   117

Apresentação

UMA REUNIÃO PODE ser um excelente meio de juntar pessoas para tomar decisões, desenvolver ideias ou inspirar a equipe – isso sem falar numa ótima oportunidade para demonstrar suas habilidades organizacionais, motivacionais, colaborativas e de liderança. Muitas vezes, porém, fracassamos no preparo das reuniões no que diz respeito à disciplina e à atenção que elas merecem – ou seja, nem sempre as coisas vão tão bem quanto deveriam. Este livro vai ajudá-lo com os aspectos básicos para tornar qualquer reunião o mais produtiva possível. Aprenda a:

- definir a pauta ideal;

- escolher melhor quem deve participar da reunião – e garantir a presença de todos;
- colocar seu plano em prática;
- motivar a equipe;
- acolher com sucesso os participantes remotos;
- gerenciar conflitos;
- tomar decisões;
- assegurar um acompanhamento eficaz das atividades combinadas na reunião.

Conduzindo
reuniões objetivas

Conduzindo reuniões objetivas

Você já deve ter participado de uma porção de reuniões nas quais o organizador era tudo, menos organizado. Talvez ele tenha convocado o encontro para tomar uma decisão importante, mas não foi capaz de transmitir a informação crucial para que os participantes se preparassem com antecedência – e o resultado foi uma reunião inteira avaliando dados superficialmente sem se concentrar muito na decisão em questão. Talvez ele até tenha enviado antes o conjunto de slides da apresentação, mas acabou se esquecendo de convidar a líder da equipe, uma pessoa indispensável para endossar a escolha final. Talvez ele tenha convidado todo mundo para um brainstorming e ninguém conseguiu contribuir com nenhuma ideia, fazendo a discussão esmorecer, com todos os presentes voltados para seus smartphones. Ou talvez todos tenham apresentado ideias ótimas durante a sessão, mas ninguém se lembrou de dar continuidade a elas.

Reuniões improdutivas são frustrantes porque significam um desperdício de tempo. Por outro lado, reuniões produtivas podem ser um meio extremamente eficaz de se comunicar, resolver problemas, tomar decisões, estruturar projetos ou simplesmente inspirar uma equipe. Dependendo da cultura da sua empresa, podem ser o principal lugar onde todas essas resoluções acontecem.

Todos sabemos que conduzir uma reunião bem-sucedida exige trabalho antes e depois do evento em si, mas com frequência achamos que podemos simplesmente improvisar tendo apenas uma ideia geral sobre o que precisamos discutir. *Precisamos ter só uma conversinha rápida*, costumamos dizer, ou *Vamos só colocar todo mundo numa sala*. Na maioria das vezes, não dedicamos tempo para pensar no que é necessário para tornar a conversa eficaz.

Preparação cuidadosa, capacidade para gerir uma reunião e acompanhamento posterior bem estruturado podem fazer a diferença entre uma sessão gratificante, agradável e revigorante e outra na qual todos ficam rabiscando e evitando contato visual. Isso é especialmente verdadeiro se a necessidade de se reunir for urgente – então é ainda mais importante que o encontro seja eficaz. A disciplina e o tempo investidos antes, durante e depois vão compensar para você e sua equipe: você será capaz de se comunicar, estabelecer um consenso e concluir tarefas – além de conquistar a reputação de líder produtivo em sua empresa.

Embora este livro possa ser particularmente útil àqueles que acabam de assumir posições de liderança, conduzir reuniões eficazes é uma habilidade crucial inclusive para os níveis mais altos na hierarquia corporativa. "Stop Wasting Valuable Time" (Pare de desperdiçar tempo valioso), um artigo de 2004 da Harvard Business Review, concluiu que até as melhores equipes de gestão costumam aproveitar mal o tempo de reunião, dedicando menos de 15% do período total a questões essenciais de planejamento estratégico.

Seja você um executivo buscando trabalhar com mais eficiência junto à sua equipe ou um gerente recém-promovido em treinamento, este livro vai ajudá-lo a aprender rapidamente os passos necessários para assegurar que suas reuniões sejam um sucesso.

Preparando-se para a reunião

Preparando-se para a reunião

É MUITO MAIS PROVÁVEL que sua reunião seja um sucesso se você refletir sobre o propósito dela e outros aspectos importantes, como a elaboração de uma pauta eficaz, quem serão os participantes, o formato do convite para que as pessoas de fato compareçam, meios de assegurar que os participantes estejam bem preparados e como você conduzirá e delegará as tarefas propostas durante o encontro.

Nem toda reunião exige uma preparação elaborada, obviamente. Em alguns casos, a preparação inicial pode levar o gestor a concluir que *não* precisa de uma reunião. Seja como for, vale a pena pensar na condução de uma reunião como uma disciplina: se todas as vezes você repassar os elementos básicos de uma boa preparação, saberá o que esperar no dia da reunião e desenvolverá uma noção natural de quanto precisa se preparar para cada tipo de evento. Dessa forma, colherá as recompensas de uma reunião bem-sucedida.

Qual é o motivo da reunião?

Talvez pareça trivial ou óbvio, mas não se pode negligenciar a tarefa de identificar com precisão o propósito de uma reunião. Esse é um passo fundamental, pois orienta todos os outros elementos, incluindo o planejamento da pauta, a lista de convidados e a escolha do momento e do local.

Seja o mais específico possível ao refletir sobre os objetivos da reunião. É para fazer um brainstorming? Um brainstorming sobre o quê? É para informar sua equipe a respeito de algum fato importante? Qual fato exatamente e por quê? É para resolver um problema? Se for esse o caso, você espera que o problema seja resolvido de imediato ou será necessário desenvolver um plano para definir uma solução? Você está se reunindo com sua equipe para definir cargos e responsabilidades? Para meramente reunir as tropas? Tomar uma decisão?

Por exemplo, se você convocar uma reunião para discutir o Projeto Especial de Geração de Receita, porém sem refletir se seu objetivo é obter uma atualização de status (algo que você sabe que precisa fazer), pensar conjuntamente em formas de acelerar o cronograma (algo que precisa acontecer em algum momento) ou redefinir a carga de trabalho (algo que um dos membros da equipe deseja muito), tanto você quanto os outros participantes entrarão na sala com ideias totalmente diferentes sobre os objetivos da reunião. Como cada um terá refletido sobre aspectos distintos da questão, quando você não se concentrar nos tópicos esperados, vai apenas frustrar sua equipe.

Se, em vez disso, você informar às pessoas que o propósito da reunião é redefinir a carga de trabalho em seu departamento, estará muito mais propenso a incluir apenas os indivíduos que precisam estar presentes, os quais, por sua vez, estarão disponíveis para dar seu feedback e endossar a decisão que for tomada. Conhecer o propósito da reunião é, portanto, crucial para o restante do processo de planejamento.

Enquanto estiver se preparando para o tipo específico de reunião do qual necessita, você pode também querer consultar a seção "Conduzindo tipos específicos de reunião", na página 81, que se concentra na gestão dos tipos mais comuns.

Definindo a pauta

Depois que tiver definido o propósito da reunião, você precisa criar uma pauta baseada nele.

Tópicos da pauta

Enumere os itens necessários para atingir seu propósito – sejam eles tempo para brainstorming, uma discussão sobre um problema específico ou uma apresentação de novas informações.

Além desses itens, é uma boa ideia reservar tempo para uma introdução, já que você desejará fazer uma pequena recapitulação e estabelecer o contexto logo no início: "Na última vez que nos reunimos, ficamos de definir o orçamento para este projeto. Já temos este número..." Uma boa pauta leva em conta alguns assuntos de rotina para que você não perca um tempo inesperado com eles, o que pode obrigá-lo a dar uma passada rápida pelos tópicos essenciais.

Depois que definir os itens da pauta, decida por alto quanto tempo vai dedicar a cada um deles. Talvez as agendas dos participantes limitem a duração da reunião, mas, mesmo que não seja o caso, tente sempre ser breve. (Veja mais sobre como determinar o melhor momento para realizar sua reunião na seção "Encontrando um horário", na página 35.) A maioria das reuniões dura entre 30 minutos e duas horas, mas poucas pessoas são de fato capazes de manter a concentração durante todo esse tempo sentadas imóveis. Uma hora é melhor (e 55 minutos é excelente – pois concede aos participantes cinco minutos para se encaminharem ao próximo compromisso).

Reuniões que duram metade de um dia ou um dia inteiro devem ser reservadas apenas para acontecimentos extraordinários, como uma sessão de treinamento semestral ou uma reunião estratégica anual realizada fora da empresa.

Sempre subestime, em vez de superestimar, a quantidade de assuntos que pode ser abordada pelo grupo em determinada janela de tempo e preveja tempo extra para falar sobre os tópicos mais críticos.

Criando a sequência da pauta

Uma vez que você já listou os tópicos da pauta e determinou o tempo dedicado a cada um, pense num fluxo lógico de um item para outro. Você não vai querer discutir o orçamento de um projeto, por exemplo, antes de ter definido seu prazo e seu escopo. À medida que for avançando, tenha em mente que você possui mais conhecimento sobre o projeto do que os outros participantes, portanto ordene os itens de modo que eles façam sentido para todos e não somente para você.

Veja como planejar a sequência da pauta para obter o máximo de bom fluxo e proveito:

- Se sua pauta for complicada ou desafiadora, considere iniciar com alguns pontos mais fáceis. Depois, vá desenvolvendo até chegar aos mais complexos ou controversos.

- Separe questões envolvendo compartilhamento de informação das que envolvem solução de problemas, tomadas de decisão ou brainstorming. Por exemplo, se a pauta for sobre uma tarefa espinhosa que o diretor executivo passou à equipe, primeiro apresente a notícia. Ela deve aparecer como um tópico específico da pauta: "Atualização sobre a nova tarefa". Depois, separadamente, levante a questão de como o novo projeto será encaixado na carga de trabalho do grupo: "Revisar o status da carga de trabalho". Em seguida você poderá discutir quem lidará com aspectos específicos do projeto e estabelecer um cronograma: "Tarefas e cronograma".

- Busque questões que se desenvolvam uma em função de outra. Por exemplo, vamos supor que você esteja agendando uma reunião para decidir o design de um produto novo. Como no exemplo anterior, o ideal é garantir que o grupo receba todas as informações necessárias sobre o novo projeto, e também que você esteja atento a qualquer preocupação relativa à carga de trabalho antes de discutir o cronograma propriamente dito.

- Divida questões complexas em partes administráveis. Por exemplo, se o propósito de uma reunião é tomar uma decisão sobre as ideias viáveis a respeito de um produto, divida a questão em partes, como qual feedback do grupo de foco deve ser levado em conta, quais as implicações de cada escolha na seleção da equipe, quais as restrições orçamentárias e de tempo, e daí em diante.

- Para uma reunião com poucas pessoas, a pauta pode ser relativamente livre, mas, com um grupo maior, quanto mais estrutura você fornecer, mais eficaz o encontro será.

- Durante reuniões extraordinariamente longas (como workshops que duram metade do dia ou eventos fora da empresa que ocupam um dia inteiro), aborde as questões mais complexas quando os participantes estiverem no auge de sua concentração. Por exemplo: os participantes provavelmente não estarão nas melhores condições pouco antes ou logo depois do almoço, ou quando começarem a se acomodar para o evento, bem no início da manhã.

Atribuindo tópicos da pauta aos participantes

Quando pensar na abordagem de cada item da pauta, prepare-se para conduzir a discussão de cada um ou para atribuí-la a um participante (e informe à pessoa escolhida com bastante antecedência).

Se é você quem vai liderar a discussão, dedique algum tempo para pensar na abordagem, nas pessoas que precisam ser consultadas ou no modo de estimular um brainstorming sobre determinado assunto. Você não precisa fazê-lo enquanto planeja a pauta, mas deve se assegurar de que seja feito antes da reunião.

A Figura 1, na página 27, mostra um exemplo de pauta. Você pode distribuir esse documento quando enviar os convites – para informar aos participantes sobre o que está por vir – e novamente quando iniciar a reunião, para que possa ser consultado à medida que você for prosseguindo.

Identificando os participantes adequados

É fácil entrar no automático e acabar convidando um monte de gente para uma reunião – dessa forma, você não precisa identificar os participantes essenciais, evita ferir o orgulho de alguém, tem todos os envolvidos disponíveis para uma decisão e depois não precisa repetir o assunto individualmente. Ou talvez você prefira convidar apenas um grupo de pessoas cujas opiniões valoriza mais.

No entanto, para que uma reunião seja útil, você precisa contar com as pessoas certas – e *somente* as pessoas certas. Com participantes demais, a dificuldade para conseguir o tempo e a atenção de todos pode ser maior, e desse modo é possível que acabe não se realizando nada. Com

FIGURA 1

Exemplo de pauta de reunião

Item da pauta	Funcionário	Tempo concedido
Abertura – revisão da importância do Projeto Especial de Geração de Receita e dos papéis dos principais membros do projeto	Emily	5 minutos
Revisão das responsabilidades dos membros da equipe	Lisa	5 minutos
Discussão sobre responsabilidades que podem transitar entre os colaboradores da equipe	Lisa	10 minutos
Discussão sobre abordagens em potencial	Lisa	15 minutos
Escolha de determinada abordagem	Jack	15 minutos
Próximos passos	Emily	5 minutos

Propósito: Projeto Especial de Geração de Receita: redistribuir cargas de trabalho

Objetivo: Desenvolver um plano para tirar algumas responsabilidades dos ombros dos colaboradores-chave

Participantes: Emily, Lisa, Jack, Chris, Angela e Steve

Local: Sala de reuniões do 5º andar

Data e hora: 14h–14h55, 20 de janeiro

um número menor de pessoas, por outro lado, você pode deixar de fora os tomadores de decisões ou os únicos indivíduos capazes de fornecer as informações essenciais.

Ao planejar a lista de participantes, pense naqueles que vão ajudar você a atingir o objetivo da reunião e naqueles que serão mais afetados pelo resultado dela. O mais provável é que seja uma combinação de pessoas que vão oferecer perspectivas variadas. Dedique tempo para listar meticulosamente os indivíduos em cada uma das categorias abaixo a fim de incluir apenas as pessoas certas:

- os principais tomadores de decisões sobre as questões envolvidas;
- aqueles que possuem informações e conhecimento sobre os tópicos discutidos;
- aqueles que possuem comprometimento ou um posicionamento-chave sobre as questões;
- aqueles que precisam conhecer os dados fornecidos por você para poder realizar o próprio trabalho;

- qualquer pessoa necessária para implementar qualquer decisão a ser tomada.

Sinta-se livre para consultar outros colaboradores a fim de garantir que montou a lista certa. Muitas vezes, outro funcionário pode lembrá-lo de uma perspectiva esquecida.

A quantidade certa de participantes

Só porque o nome de alguém está na lista não significa que a pessoa precise estar presente na reunião. Quantas pessoas você deve convidar de fato? Não existe uma regra específica, mas, a princípio, uma reunião menor é melhor para realmente decidir ou realizar qualquer coisa; uma reunião de médio porte é ideal para brainstormings; e, para comunicar e motivar o grupo, você pode pensar grande. Algumas pessoas usam como orientação geral algo conhecido como *regra 8-18-1800*:

- Se você precisa resolver um problema ou tomar uma decisão, convide não mais do que oito pessoas. Se houver mais participantes, você pode acabar recebendo tanta informação conflitante que ficará difícil lidar com os problemas ou tomar a decisão em questão.

- Se você quiser fazer brainstorming, pode chamar até 18 pessoas.

- Se o propósito da reunião é meramente fornecer atualizações, convide quantas pessoas precisarem recebê-las. No entanto, se todos os participantes tiverem atualizações para fornecer, o número limite não deve ser maior do que 18 pessoas.

- Se o propósito da reunião é estimular as tropas, chame 1.800 pessoas – ou mais!

Se você decidiu *não* convidar indivíduos que listou como propensos a serem afetados pelo resultado da reunião, tenha um plano para comunicar a essência das discussões a eles posteriormente.

Atribua papéis

Considere atribuir a participantes específicos um papel ativo na reunião como forma de assegurar que eles se envolvam e sintam que têm voz – e compareçam. Você é o líder: seu trabalho é esclarecer o propósito, os objetivos e as restrições da reunião, bem como o alcance de sua autoridade. A responsabilidade do acompanhamento é sua, mas você pode atribuir outros papéis essenciais:

- *Facilitador.* Orienta o grupo durante as fases da reunião, desde a discussão, passando pela solução de problemas, à tomada de decisões. Pode ser responsável pela logística pré e pós-reunião. É uma boa função para alguém que deseja mais experiência com liderança mas que ainda não está pronto para ser o líder propriamente dito. É uma posição de destaque, mas que exige um desempenho mais neutro durante toda a reunião. (Também é uma boa maneira de desativar os críticos em potencial. Diga a todos que está buscando facilitadores, o que significa assegurar que todos os lados de uma questão sejam levantados. A maioria das pessoas estará à altura desse desafio de liderança e conduzirá uma conversa justa e equilibrada em vez de tentar impor uma perspectiva pessoal. No entanto, o objetivo não é reprimir contribuições importantes, mas justamente o contrário.)

- *Secretário*. Captura pontos-chave, ideias e decisões resultantes da reunião. Pode também redigir a ata. Não são necessárias minutas detalhadas, a menos que sejam uma exigência legal; poucas pessoas têm tempo ou inclinação para ler relatórios. Ainda assim, escolha alguém para tomar notas sobre qualquer descoberta importante para que você possa utilizá-las na ata que virá depois. Essa é uma ótima atribuição para quem é tímido mas deseja contribuir.

- *Contribuidor*. Participa ativamente, oferecendo ideias e ajudando a manter a discussão nos eixos. Deixe claro que você está contando com eles para manter a discussão animada e para colaborar com informações relativas a determinadas questões. ("Katherine, sei que você tem pensado muito no nosso novo site. Pode garantir que nossa discussão aborde todos os pontos importantes?")

- *Especialista*. Compartilha o conhecimento de questões específicas conforme solicitado. Uma vantagem: ele pode ser requisitado a participar apenas de uma parte da reunião, mantendo o foco da contribuição. Por exemplo, se você estiver discutindo como as pessoas podem fazer home office de forma mais eficiente, peça ao chefe de TI que participe durante 10 minutos enquanto vocês avaliam as implicações para seu fornecedor de aparelhos de teleconferência.

- *Cronometrista*. Controla o tempo gasto em cada item da pauta e faz a discussão prosseguir para a questão seguinte. Não é necessário que um alarme seja disparado a cada cinco minutos, mas é possível, por exemplo, pedir ao cronometrista que você seja lembrado quando restarem 15 minutos para o fim da reunião, garantindo que você aborde todos os tópicos, ou então que lhe informe se você gastou mais de 10 minutos em qualquer assunto.

Um indivíduo pode desempenhar vários papéis numa reunião. Por exemplo, se você a tiver convocado, pode desempenhar o papel tanto de líder quanto de facilitador. Nem toda reunião requer que todo o elenco de funções seja preenchido – seria besteira designar um secretário para uma reunião informal com três ou quatro pessoas, por exemplo.

Lembre-se de registrar na pauta os papéis esperados de cada um e garanta que estejam cientes de suas responsabilidades com bastante antecedência.

Fazendo o convite

Quando agendar sua reunião, escolha uma sala propícia para o tom que deseja estabelecer. Quer que seja um encontro informal e mais íntimo? Escolha uma sala pequena, talvez dispondo as cadeiras em círculo para que todos possam ver uns aos outros facilmente. Quer algo mais formal? Uma sala de conferências pode funcionar melhor. O importante é conseguir um espaço que comporte o seu grupo, mas que não seja tão grande a ponto de se transformar numa distração.

Algumas pessoas participarão remotamente? Descubra se a sala tem um bom telefone viva voz e boa acústica. Se alguém estiver participando por videoconferência, o ângulo da câmera permitirá a visão de todos os participantes? Analise como cada um se posicionará para escolher o espaço adequado.

Decidindo um horário

Converse com os participantes para descobrir não somente quais conflitos em potencial existem em suas agendas, mas também outros compromissos que possam impedi-los de comparecer em cima da hora.

Se sua empresa organiza muitas reuniões, encontrar um horário disponível para todos pode ser um desafio, especialmente se você precisar convocar um grande número de participantes.

Se puder, tente otimizar sua escolha evitando os seguintes horários:

- a única meia hora livre num dia ocupado de um participante importante;

- tardes de sexta-feira, quando as pessoas costumam ficar conferindo o relógio o tempo todo e pensando no fim de semana;

- a véspera de um feriado (ou das férias de um dos participantes), quando as pessoas estarão na correria para finalizar suas pendências;

- a primeira atividade pela manhã, antes de as pessoas beberem uma xícara de café, ou no fim do dia, quando todos estão mais cansados;

- horário de almoço – se precisar mesmo convocar o pessoal, assegure-se de ao menos fornecer comida.

Simplesmente pense nas melhores condições para você mesmo – é provável que a recíproca seja verdadeira para os outros.

Enviando o convite

Após determinar quem precisa estar presente e escolher horário e local, é hora de enviar o convite.

Tente avisar os participantes pessoalmente, além de enviar um convite virtual, principalmente se achar que há alguma chance de o e-mail passar despercebido ou de algum dos participantes ser convocado para outra reunião em cima da hora. Assegure-se de que todos conheçam o propósito da sessão – eles com certeza vão levá-la mais a sério se notarem que você está fazendo o mesmo.

Estabelecendo uma reunião periódica

Você deve dar à primeira reunião periódica ainda mais atenção do que a uma reunião padrão pontual. O mais importante a se levar em conta é se você realmente precisa de uma reunião periódica, pois, se não tiver algo a realizar todas as vezes, esses encontros podem perder a força e o foco de forma rápida e perigosa. Portanto, se você de fato precisar instituí-la, assegure-se de que tanto seu propósito geral quanto o propósito de cada reunião estejam bem definidos.

Na primeira vez que realizar a reunião, dedique tempo para convidar todos pessoalmente. Explique que será um evento periódico e especifique a frequência de realização. Sabendo que haverá outra sessão em breve, os participantes tenderão a faltar mais do que a uma reunião pontual. Na primeira ocasião, peça a todos que assumam o compromisso de priorizar a série de reuniões, explicando seu propósito claramente.

Talvez seja melhor tornar a participação de algumas pessoas opcional. Nesse caso, você precisará informá-las antes de cada sessão. Ao respeitar o tempo de seus participantes, você os estará estimulando a também respeitar sua reunião.

Depois da primeira, marque o compromisso periódico na agenda de todos. Apenas tenha em mente que pode ser difícil agendar algo recorrente num horário bom para toda a equipe.

Ainda assim, assegure-se de avaliar o melhor horário. Reuniões recorrentes no meio do dia correm o risco de serem deixadas de lado por conta de outros compromissos repentinos. Uma reunião marcada todas as quartas-feiras às 9h é mais propensa a ser realizada do que uma agendada para as 13h30 de uma terça, quando almoços podem se estender ou a lista de afazeres da tarde ainda está ameaçadoramente longe de terminar.

Finalizando suas preparações

Seu trabalho não está concluído assim que o convite é enviado. Talvez haja outras providências a tomar que levem em conta a logística da reunião e você queira fazer um acompanhamento com os participantes em relação a qualquer material que precise ser revisto antes da reunião propriamente dita.

Prepare a logística da reunião

Tome providências para ter um notebook na sala caso haja participação remota por videoconferência ou deixe o suporte técnico de prontidão. Iniciar a reunião e se atrapalhar logo nos 10 primeiros minutos para chamar alguém de

TI significará uma perda na cobertura de todos os tópicos da pauta tão cuidadosamente planejada – e os participantes também ficarão frustrados aguardando. Não é um bom jeito de começar.

Para evitar problemas e constrangimentos de última hora, assegure-se de conferir o espaço e testar antecipadamente qualquer equipamento necessário.

Distribua material de leitura

Se uma participação satisfatória em sua reunião depender de materiais que precisem ser lidos ou revisados, envie-os antes. Esperar que todos estejam juntos para entregá-los é desperdício de tempo, e você vai notar que os participantes só prestarão atenção parcialmente – tanto no material quanto na reunião.

O momento em que você envia o material por escrito também é importante. Não o faça 10 minutos antes da reunião, por exemplo – entregue-os com bastante antecedência, para que os participantes tenham tempo de revisá-lo, mas não tão antecipadamente a ponto de entrar na pilha de "coisas para ver depois". Um dia (ou dois) geralmente deve bastar. Ao enviar o material, deixe claro que espera que seja lido para a sessão.

Na reunião, mencione brevemente que você espera que todos tenham lido o material fornecido e proceda como se tivessem cumprido sua exigência. Esteja ciente, no entanto, de que participantes despreparados podem se desviar para conversas paralelas ou distrair os outros. (Veja "Quando boas reuniões saem dos trilhos e como recuperá-las", a partir da página 97.)

Lidere dando o exemplo: dedique tempo a se preparar e revise todo o material de modo a estar pronto para ajudar a conduzir a discussão sem precisar recorrer a esse material. Lembre os responsáveis pelos outros tópicos da pauta de fazer o mesmo. Você será mais bem-sucedido em conduzir uma reunião se conseguir memorizar as informações relevantes que confirmam ou questionam as ideias dos outros participantes.

Você realmente precisa de uma reunião?

À medida que for planejando, pergunte a si mesmo se a reunião é de fato necessária. Sejamos sinceros: as pessoas costumam pensar que participam de reuniões demais. Não é que não gostem de estar numa reunião animada e produtiva – há até quem a considere um intervalo social bem-vindo no dia –, mas tendemos a ficar sobrecarregados. Portanto, não acrescente sua reunião à pilha sem refletir se existe outra forma melhor de atingir seu objetivo.

É aconselhável não realizar uma reunião se:

- Você não tiver tempo para se preparar. Pode parecer óbvio, mas é uma regra negligenciada com frequência.

- Outro método de comunicação – e-mail, telefone, mensagem de texto – pode funcionar tão bem quanto ou melhor do que um encontro. Por exemplo, se você quer informar a vários colegas gerentes e seus respectivos superiores que sua equipe acaba de conseguir uma conta importante, dê a boa notícia por e-mail em vez de convocar uma reunião. Afinal de contas, você quer dar a notícia rapidamente, e é conciso e fácil comunicar isso por meio de uma mensagem breve.

- O assunto não merece o tempo de todos. Por exemplo, você descobre que um vendedor superfaturou suas vendas em vários pedidos recentes. Os superfaturamentos são pequenos e você pode lidar com a situação telefonando para o vendedor e informando-o sobre os erros. Ocorrências como essa não valem o tempo de todos sentarem e discutirem maneiras de resolver a questão.

- Os membros de sua equipe estão perturbados com um conflito ou outro problema e precisam de um tempo para esfriar a cabeça até estarem prontos e aptos a abordar a situação.

- O assunto é uma questão de pessoal que será mais bem tratada individualmente, tal como obter informações sobre o mau desempenho de um colega.

- Você precisar solicitar opiniões individuais. Nesse caso, é melhor conduzir uma enquete eletrônica em vez de pedir aos participantes que forneçam feedback durante uma reunião. Conforme vários estudos demonstraram, quando solicitadas a dar feedback num contexto de grupo, as pessoas sofrem da chamada "mentalidade de rebanho", e os pontos de vista novos, inspiradores e desafiadores – muitas vezes, os melhores – ficam perdidos na multidão porque ninguém quer se desviar da norma e perturbar o status quo.

Lista de tópicos da reunião

Você cobriu todos os passos importantes da preparação? Veja uma breve lista de tópicos para utilizar como plano na página 45.

Se você já pensou em tudo o que pode fazer com antecedência – tanto para si quanto para os participantes –, então sua reunião tem tudo para ser bem-sucedida. Você está pronto para assumir o desafio de liderança à medida que os primeiros participantes forem chegando.

LISTA DE TÓPICOS PARA A REUNIÃO

Você...

- [ ] identificou o propósito específico da reunião?
- [ ] percebeu que realmente necessita de uma reunião?
- [ ] desenvolveu uma pauta preliminar?
- [ ] selecionou os participantes e atribuiu papéis?
- [ ] decidiu onde e quando realizar a reunião e confirmou a disponibilidade do espaço?
- [ ] enviou os convites, informando quando e onde a reunião será realizada?
- [ ] enviou a pauta preliminar para os participantes principais e outros colaboradores importantes?
- [ ] enviou aos participantes qualquer relatório ou prospecto que necessitasse de leitura?
- [ ] fez um acompanhamento com os convidados pessoalmente, caso fosse relevante?

(continua)

(continuação)

- ☐ identificou, se relevante, o processo de tomada de decisões que será adotado na reunião?
- ☐ identificou, adquiriu e testou equipamentos necessários?
- ☐ finalizou a pauta e a distribuiu a todos os participantes?
- ☐ verificou se todos os participantes importantes comparecerão e conhecem seus papéis?
- ☐ preparou-se?

Conduzindo a reunião

Conduzindo a reunião

MESMO QUE TENHA se preparado com afinco, você não pode simplesmente chegar ao local e presumir que sua excelente pauta será suficiente para garantir o sucesso. Um líder habilidoso precisa manter uma reunião nos eixos.

Os melhores líderes desempenham vários papéis no decorrer da reunião, mantendo sua autoridade em tempo integral. Você deve assumir os papéis de guardião, advogado do diabo, construtor de consenso, líder de torcida e até mesmo piadista – o que quer que estimule a equipe a contribuir e a se manter produtiva.

Iniciando a reunião

Você está em posição de liderança a partir do momento em que entra na sala, portanto estabeleça o tom certo desde o início. Deixe claro em seus comentários e por meio de sua atitude que a reunião não será um desperdício de tempo: você está determinado a realizar uma sessão focada, produtiva e colaborativa – e, quem sabe, até divertida.

Comece pontualmente

Mesmo que alguns participantes não estejam presentes, seja pontual. Quando eles chegarem e descobrirem que perderam alguns tópicos importantes, saberão que não devem se atrasar na próxima vez. Não recomece nem perca tempo dando informações aos atrasados – se o fizer, você apenas reafirmará a noção de que pontualidade não é importante e frustrará aqueles que chegaram na hora certa. Se alguém perdeu algo crucial, coloque a pessoa a par depois da reunião. Não desperdice o tempo de todos com isso.

Abra a reunião

Faça uma breve introdução para que o grupo compreenda claramente a pauta, os objetivos e os resultados esperados – depois realize qualquer ajuste necessário. Se os participantes não se conhecem, dedique uns minutos a fazer as apresentações, que devem incluir nomes, departamentos e funções na reunião ou no projeto. Se alguns não estão familiarizados com alguma coisa, contextualize-os sobre o que já foi feito e como o que você espera realizar hoje pode se adequar aos objetivos gerais do projeto.

Estabeleça regras básicas

Você não precisa se debruçar sobre as regras básicas, mas é útil indicar aos participantes sua intenção de manter as coisas transcorrendo com eficiência.

- Reafirme que está comprometido a começar e a terminar no horário – e cumpra.
- Solicite a participação de todos, bem como a abertura a novas ideias.

- Entre num acordo sobre escutar uns aos outros e evitar interrupções – depois, como líder, coloque essa regra em prática.

- Esclareça como as decisões serão tomadas. Informe antecipadamente se a reunião servirá para uma decisão em grupo, se exigirá contribuição individual dos participantes ou se o intuito é apenas compartilhar uma decisão que já foi tomada.

- Explique sua política de multitarefa e uso de dispositivos eletrônicos (veja "Gerenciando os adeptos da multitarefa", na página 61, para mais detalhes).

Você também pode precisar estabelecer regras básicas para itens específicos da pauta:

- Esclareça limitações que possam existir em qualquer questão sob discussão – por exemplo, decisões de superiores ou restrições orçamentárias.

- Identifique quem tomará as decisões finais em cada assunto – especialmente se for alguém que não esteja presente na reunião (como o diretor executivo ou o gerente de departamento).

Lembre-se de que as regras básicas sugeridas devem fazer sentido levando em conta suas limitações de tempo, o tamanho do grupo, o propósito e os objetivos da reunião. Não as encare como rígidas ou excessivamente formais.

Cumprindo a pauta

Você se dedicou bastante a preparar a pauta e a garantir que a reunião seja um sucesso. Portanto, quando ela estiver efetivamente em andamento, não se deixe desviar por tópicos que não estejam de acordo com a discussão proposta. Ao permanecer firme no percurso planejado, você manterá o foco da reunião e os participantes felizes; além disso, garantirá que todos os assuntos propostos sejam devidamente abordados. Trata-se, no entanto, de um equilíbrio delicado de alcançar, pois além disso você também precisa assegurar que todos os pontos de vista dos participantes sejam ouvidos

– afinal de contas, foi por isso que convidou cada um deles.

Mantenha o ritmo da reunião

Ao longo do encontro, fique de olho na pauta e no tempo – ou recrute um cronometrista. Você pode ser informal (recorrendo a algo tão simples quanto pedir a alguém para levantar a mão quando um tópico tiver durado mais do que 10 minutos, por exemplo) ou até mesmo fazer algo mais pitoresco. Uma empresa providenciou círculos de cartolina vermelhos, amarelos e verdes e os colou em palitos de picolé. Quando um orador ficava inseguro em relação ao tempo remanescente, bastava olhar para o cronometrista, que mostrava a cor apropriada – verde indicava bastante tempo; amarelo, que restavam cinco minutos; e vermelho, termine já! O método rendeu muitas risadas, mas funcionou extremamente bem e manteve o ritmo das sessões.

Enquanto avança, resuma e reveja o progresso da reunião de forma explícita. Registre as ideias mais importantes num *flipchart* (bloco de papel em cavalete) ou em outra ferramenta (veja o quadro a seguir). Quando o grupo chegar a um consenso sobre determinado assunto, mencione claramente o fato e depois prossiga. Destaque a transição de um item a outro e faça pausas periódicas para dizer ao grupo em que ponto vocês se encontram na pauta. O registro de itens sobre os quais houve consenso reforça o que o grupo tem em comum e evita a retomada de questões já solucionadas.

USANDO UM QUADRO BRANCO

Várias ferramentas são utilizadas para dar dinamismo e capturar as ideias de uma reunião colaborativa. As mais tradicionais são *flipcharts* ou quadros brancos, que funcionam bem se todos estiverem no mesmo ambiente. A tecnologia também oferece meios úteis de registrar contribuições em tempo real num formato visível para participantes remotos. Por exemplo, convidar todos a compartilharem um bloco de notas no Evernote ou no Google Docs permite que os participantes façam suas anotações ou registrem ideias para que sejam vistas por todo o grupo à medida que cada questão for

(continua)

(continuação)

sendo discutida. Essas ferramentas podem demonstrar em tempo real, especialmente aos participantes remotos, que a opinião de cada membro está sendo registrada e valorizada, e ajuda a manter um registro dos principais pontos e das decisões tomadas em conjunto num formato fácil de salvar e consultar posteriormente.

Algumas sugestões:

- Mantenha os comentários registrados visíveis durante toda a reunião e compartilhe-os posteriormente. Use seu smartphone para tirar uma foto do quadro branco ou do *flipchart*. Envie a imagem para o grupo ou peça a alguém para transcrevê-la e editá-la antes de distribuí-la.

- Conforme for avançando na reunião, mantenha o quadro branco organizado. O ideal é que qualquer um que dê uma olhada no quadro ao final consiga fazer uma leitura rápida do que foi discutido.

- Durante uma sessão de brainstorming, primeiro registre cada contribuição. Depois enumere, coloque

(continua)

(continuação)

estrelas ou circule conforme o grupo for avaliando, priorizando e tomando decisões sobre as ideias que surgirem.

- Mantenha uma lista visível de questões a serem tratadas após a reunião. É um jeito eficaz de capturar preocupações ou dúvidas sem atrapalhar o andamento da discussão.

Todos os pontos de vista devem ser ouvidos

Como líder, você deve querer que todos compartilhem o que pensam, mesmo que a intenção do encontro seja apenas manter as pessoas atualizadas. Com isso, você terá todo o feedback potencialmente indispensável enquanto toma uma decisão ou leva um plano adiante – e ainda evitará que participantes fiquem furiosos depois da reunião, resmungando que suas opiniões não foram levadas em conta. Portanto, estimule regularmente os feedbacks em cada intervalo ou pelo menos depois de abordar cada item da pauta.

Existem várias maneiras de estimular o feedback de todos:

- Faça uma pergunta genérica, como "Esquecemos de alguma coisa?".

- Não permita que participantes que falam mais alto e se manifestam mais dominem a reunião. ("Obrigado pelos comentários, Ed. Agora vamos ouvir alguém que ainda não teve a oportunidade de falar.") Façam com que os mais quietos tenham chance de participar ou convoque-os diretamente. ("Susan, ainda não ouvimos você. Acha que deixamos passar alguma questão importante aqui?"; "Tom, qual seria sua maior preocupação quanto a esta abordagem?") Algumas pessoas podem até ficar envergonhadas, mas pelo menos você vai ter a opinião delas.

- Diga que adoraria receber qualquer feedback após a reunião, depois que os participantes tiverem mais tempo para refletir.

- Assegure-se de que os participantes remotos sejam ouvidos. Durante os cinco primeiros minutos, mantenha um bate-papo casual com o grupo, incluindo os remotos. Pergunte sobre o clima ou comente sobre um evento esportivo ou cultural a fim de ajudar a quebrar o gelo e a estabelecer a atmosfera ideal para que esses indivíduos contribuam durante todo o tempo.

- Dê aos participantes remotos deixas que seriam facilmente captadas caso eles estivessem presentes. Aqueles que estão distantes podem achar difícil se manifestar, interromper ou dar opinião quando discordam de um colega, ou mesmo ousar acrescentar um ponto de vista diferente, pois não conseguem ver a reação de seus companheiros. Portanto, faça questão de lhes pedir feedback em momentos cruciais para garantir que eles saibam que é um bom momento para falar. (Veja a seção "Conduzindo tipos específicos de reunião" – página 81 – que discute mais detalhadamente como conduzir reuniões virtuais.)

- Se sua reunião tiver mais de 12 participantes, divida-os em duplas ou trios e peça a cada grupo que forneça informações sobre um item específico da pauta. Você pode sugerir que identifiquem as duas questões principais a serem abordadas, por exemplo, ou perguntar como definiriam as prioridades. Dessa forma, é possível assegurar que até mesmo os mais introspectivos sejam ouvidos.

- Peça a alguém que banque o advogado do diabo para apresentar diferentes pontos de vista – ou faça isso você mesmo. Deixe todos cientes de que você tem a mente aberta em relação a opiniões alheias. No entanto, não permita que um participante ataque as contribuições de outro. Lembre a eles, por exemplo, que você está "adotando as regras do brainstorming": "Nenhuma ideia é idiota. Queremos estimular a criatividade."

- Quando sentir que tocou numa questão de interesse especial, observe a linguagem corporal de todos em busca de indícios de que alguém está ansioso para falar. Quando detectar, autorize a participação com contato visual ou um meneio de cabeça, indicando que notou a pessoa e que já vai chamá-la. Isso permitirá a ela se concentrar no que está sendo dito em vez de ficar aflita se perguntando se haverá oportunidade de falar.

- Dê ao grupo um pouco de tempo para refletir. Não se apresse em fazer uma votação ou em tomar decisões logo depois de discutir determinada questão. Ao longo da reunião alguém pode ter uma ideia com a qual possa querer contribuir. Diga que retornará ao assunto mais tarde e siga para o tópico seguinte.

- Lembre-se da regra de ouro da gestão de pessoas: elogie em público, critique em particular.

Gerenciando os adeptos da multitarefa

Desestimule os participantes, sejam eles presentes ou remotos, a se envolver em outras comunicações durante a reunião. Ou seja, nada de verificar e-mails, navegar na internet ou enviar mensagens pelo celular. Um participante desatento pode perder uma informação importante.

Além disso, o fato de haver alguém tentando realizar outras tarefas sorrateiramente pode drenar a energia e a concentração de toda a equipe.

Enfatize que para conseguir encerrar a reunião no horário certo você vai depender da atenção de todos. E você, o líder, não deve ser hipócrita. Por mais tentador que seja, não se permita dar nem uma olhadinha nas notificações em seu smartphone.

Se a inclinação ao modo multitarefa for um problema endêmico, considere instituir uma penalidade para os infratores, mas lembre-se de que um toque de humor pode contribuir muito mais para estabelecer o clima certo. Havia uma empresa que girava uma roleta para determinar a punição a ser recebida, como multas simbólicas em dinheiro ou a tarefa de lavar o bule de café do escritório durante uma semana.

Tem sido cada vez mais difícil aplicar a regra que proíbe o modo multitarefa à medida que o uso de notebooks, tablets e outros suportes – como ferramentas legítimas para fazer anotações – tem se tornado mais comum. Às vezes, um participante precisa de fato usar um aparelho para fazer algo relacionado à reunião – uma anotação para o acompanhamento posterior à reunião ou uma busca de dados relativa à discussão em pauta. Conte com seu bom senso para julgar se um participante está sendo prestativo ou inconveniente.

Lembre-se: você convocou a reunião e refletiu cuidadosamente sobre quem deveria participar dela. Todos estão ali por um motivo, portanto é justo garantir que os presentes estejam concedendo sua atenção e seu ponto de vista.

Encerrando a reunião

A fase de encerramento não precisa ser longa, mas deve definir o que acontecerá depois. Estabeleça o tom certo – para que os participantes fiquem motivados a cumprir suas tarefas e se empolguem com o projeto como um todo – e deixe claro quais são essas tarefas, de modo que saibam o que precisam realizar.

Comece compartilhando um resumo da sessão, o que pode ser feito tanto pelo líder quanto por um participante escolhido para isso.

Depois, reitere os pontos principais, as decisões e os próximos passos com os responsáveis pelas tarefas. Consulte o colega encarregado das anotações para garantir que ele não tenha deixado passar nada. Esse processo amarra pontas soltas e esclarece quaisquer mal-entendidos.

Finalmente, deixe uma mensagem motivacional curta: "Ótima discussão hoje. Muito obrigado. Fizemos muita coisa!" Se a reunião foi conflituosa, eis mais uma razão para lembrar às pessoas o que deu certo.

Por fim, parabenize-se – você conseguiu! Conduzir uma reunião fica mais fácil à medida que você adquire experiência. Agora você possui todos os elementos para liderar reuniões objetivas e bem-sucedidas.

O dia seguinte: fixando o conteúdo da reunião

O dia seguinte: fixando o conteúdo da reunião

SEU TRABALHO COMO LÍDER não termina quando a reunião acaba. Depois dela, você precisa converter as conversas e as decisões em ação.

A ata

Logo após uma reunião bem-sucedida, você deve criar uma ata ou um relatório de acompanhamento para reforçar tudo o que foi realizado, alertar todos os colaboradores sobre decisões importantes e garantir que todos tenham ouvido a mesma mensagem ou informação. Certa vez, o guru da gestão Peter Drucker comentou que o famoso presidente da General Motors Alfred P.

Sloan se tornou um executivo formidável em parte devido a seus memorandos sucintos, claros e impactantes.

O que deve entrar numa ata eficiente? Especifique o que foi realizado, baseando-se nos pontos registrados no *flipchart* ou no quadro branco e também nas anotações que você ou o secretário fizeram durante a reunião. O documento deve ser redigido de modo que qualquer um que não tenha participado possa compreender a discussão facilmente.

Uma boa ata cobre três elementos básicos – o quê, quem e quando:

- *Que* decisões específicas e desfechos foram obtidos da reunião e quais tarefas precisam ser realizadas como resultado dela? Se você estiver recapitulando uma reunião em que uma decisão essencial foi tomada, inclua mais detalhes para as pessoas compreenderem como seu pensamento se desenvolveu.

    Por exemplo, a ata também pode incluir detalhes como:

- a definição do problema;
- o método de análise;
- as alternativas discutidas;
- o critério para a tomada da decisão;
- a decisão em si;
- as tarefas pendentes de realização;
- o resultado esperado.

- *Quem* é responsável pelas tarefas pendentes de realização? Se os participantes da reunião se comprometeram voluntariamente diante dos colegas a executar ações específicas, é bem provável que eles cumpram. No entanto, você ainda pode usar o tempo após a reunião para atribuir tarefas, mesmo que não tenham sido discutidas ao longo de sua sessão juntos.

- *Quando* as tarefas precisam ser concluídas? Manter os participantes com uma perspectiva realista dos cronogramas com os quais se comprometeram garante que as tarefas sejam de fato realizadas. Informe a data da próxima reunião ou das ações de acompanhamento. Registre esses prazos em sua agenda – e informe-os a cada um com antecedência. As pessoas só dedicarão tempo às tarefas se você acompanhar o andamento e a qualidade. Faça também um agradecimento aos participantes: eles devem saber que você estima o empenho de todos.

Faça as perguntas anteriores a si mesmo e depois elabore a ata propriamente dita. O documento não deve ser extenso: o objetivo é resumir as decisões importantes e indicar quem foi designado a fazer o quê, para que tudo seja posto em prática. Se possível, o texto deve caber em apenas uma página.

Em termos de estrutura, caso a ata precise especificar os passos a serem dados, forneça um breve resumo da reunião e depois liste, pessoa por pessoa, quem detém qual responsabilidade e seus respectivos prazos (isso antes de detalhar outras anotações da reunião). A Figura 2, na página seguinte, mostra um bom exemplo de ata.

Envie o documento a todos os participantes da reunião e também àqueles que não

FIGURA 2
Exemplo de ata

Projeto Especial de Geração de Receita: Repriorizando cargas de trabalho

20/1 Ata
Participantes: Emily, Lisa, Jack, Chris, Angela e Steve
Objetivo da reunião: Desenvolver um plano para transferir responsabilidades de membros importantes da equipe.

Nessa reunião, discutimos como reduzir a carga de trabalho de Chris e Angela. Determinamos que a melhor abordagem será pedir à subordinada direta de Steve, Sarah, que assuma diversas responsabilidades de ambos.

Próximos passos:

- Steve vai discutir a mudança com Sarah até a próxima quarta--feira e confirmará se ela tem disponibilidade para realizar o trabalho extra.
- Quando Sarah estiver ciente de suas novas responsabilidades, Lisa enviará um e-mail para toda a equipe e Emily enviará uma mensagem à equipe do Projeto Especial de Geração de Receita, atualizando-os quanto às mudanças.
- Jack pedirá aos integrantes do grupo que parem de enviar relatórios de vendas.
- Chris e Angela vão marcar encontros individuais com Sarah para treiná-la em suas novas responsabilidades.

O quê	Como	Quem	Quando
Abertura	• Importância do Projeto Especial de Geração de Receita		

(continua)

O quê	Como	Quem	Quando
Responsabilidades atuais dos membros da equipe	• O papel de membros importantes da equipe no projeto • Compilar e enviar relatórios de vendas semanais; assegurar que o departamento de marketing possua as informações sobre produtos futuros; ponto principal de comunicação com duas contas importantes de vendas	Chris	
	• Investigar novos contatos de vendas para uma linha essencial de produtos; especialista de vendas para essa linha de produtos; ponto principal de comunicação com outras duas contas importantes de vendas	Angela	
Possíveis reponsabilidades a serem transferidas de membros da equipe	• Não se pode alterar os detentores das contas importantes – são relacionamentos de longo prazo		
Soluções e abordagens em potencial	• Sarah tem solicitado mais responsabilidades – poderíamos atribuir a ela o papel de Angela na outra linha de produtos		

(*continua*)

O quê	Como	Quem	Quando
	• Podemos parar de enviar relatórios de vendas, já que agora estão todos disponíveis na intranet corporativa – é necessário avisar ao grupo	Jack	Próxima sexta-feira
Decisão sobre uma abordagem	• Steve está preocupado com a possibilidade de sobrecarregar Sarah – é preciso falar com ela • A equipe concluiu que essa ainda é a abordagem correta; Jack aprova	Steve	Próxima quarta-feira
Próximos passos	• Enviar um e-mail notificando as mudanças à equipe de vendas e à equipe do Projeto Especial de Geração de Receita	Lisa, Emily	Depois que Sarah for avisada
	• Organizar treinamento para Sarah	Chris, Angela	Dentro de duas semanas

compareceram mas precisam estar cientes do assunto. Informalmente, procure todos os interessados nos dias subsequentes para fazer o acompanhamento e garantir que a ata foi lida e que todos estão cientes de qualquer destaque essencial.

Forneça também aos participantes os recursos para realizar suas tarefas individuais pós-reunião. O mais importante é que *você* cumpra o que se propôs a cumprir. Faça as coisas acontecerem! Não se perca e não deixe a peteca cair. Atue em função das decisões tomadas e mantenha vivo o espírito da reunião.

Como você se saiu?

A grande pergunta final é: sua reunião foi eficiente? Ao refletir sobre o sucesso de sua liderança, você continua a crescer. Se identificar áreas problemáticas, você pode falar sobre quaisquer problemas que elas tenham causado:

- *Julgue pelos resultados.* Você atingiu seu objetivo? As pessoas certas foram convidadas e compareceram? A maioria foi participativa? O grupo trabalhou bem em conjunto? Você obteve feedback positivo depois da reunião?

- *Procure os críticos.* Certifique-se de ter um encontro particular e informal depois da reunião com aqueles que pareceram insatisfeitos ou que não contribuíram tanto quanto os outros. Você pode aprender algo importante para seu projeto, algo que eles não expuseram durante a sessão, ou você pode obter feedback útil sobre o processo da reunião, tópicos da pauta, objetivos e planos de ação. Provavelmente você conseguirá tranquilizar colaboradores insatisfeitos e melhorar as relações dentro do grupo. Todos ficarão gratos por sua atenção e saberão que o ponto de vista deles é levado a sério.

- *O que você pode fazer melhor na próxima vez?* Toda reunião é uma oportunidade para aprimorar suas habilidades. Se o encontro não transcorreu perfeitamente, sempre haverá uma próxima vez. Tome notas sobre o que pode fazer diferente – e lembre-se de consultá-las antes da sessão seguinte.

Lista de controle para acompanhamento da reunião

Se você conseguiu chegar ao ponto de realizar uma reunião bem-sucedida, não desperdice todo o seu esforço negligenciando a necessidade de manter o dinamismo depois do evento. Eis uma breve lista de tudo o que precisa ser feito.

LISTA DE CONTROLE PARA ACOMPANHAMENTO

- ☐ Você redigiu uma ata sucinta, incluindo o quê, quem e quando?
- ☐ Distribuiu a ata a todos os participantes?
- ☐ Registrou todos os prazos de tarefas na sua agenda para realizar o acompanhamento e garantir que sejam concluídas?
- ☐ Distribuiu a ata a todos os outros colaboradores relevantes?
- ☐ Fez um acompanhamento pessoal com colaboradores importantes para que ficassem cientes dos destaques da reunião?
- ☐ Avaliou a si mesmo como líder?
- ☐ Avaliou o resultado da reunião?

(continua)

(continuação)

- ☐ Reuniu-se com os participantes críticos?
- ☐ Refletiu sobre o que pode fazer melhor na próxima vez?

Conduzindo tipos específicos de reunião

Conduzindo tipos específicos de reunião

EXISTEM MUITOS BONS motivos para realizar uma reunião, e, apesar de os conselhos deste livro se aplicarem à maioria deles, alguns tipos de reunião exigem estratégias diferentes ou complementares. Está tentando solucionar um problema? Precisa incluir indivíduos espalhados pelo mundo? Vamos cobrir cada um desses tipos a seguir.

Solucionando um problema

Uma reunião pode ser a maneira mais eficiente de juntar todos os colaboradores importantes numa sala para se concentrar em solucionar um problema, principalmente se houver uma questão delicada que envolva um grande número de pessoas do seu setor. Ter essa conversa em tempo real e pessoalmente significa que todos os envolvidos terão concordado com a solução, e as emoções podem ser atenuadas porque todos foram ouvidos. Se sua equipe estiver sendo solicitada a reduzir custos, por exemplo, você pode convocar todo o grupo afetado, identificar possíveis soluções e depois explorar, com a opinião de todos, quais soluções são viáveis, quais não são e quais podem ser aprimoradas.

Ao marcar uma reunião para resolver um problema:

1. Descubra qual é a percepção de cada participante sobre o problema.

2. Chegue a um consenso quanto à definição do problema.

3. Identifique há quanto tempo o problema vem ocorrendo e discuta sobre o que está acontecendo agora.

4. Determine o que o grupo supõe ser a causa do problema.

5. Descreva tudo que pode acontecer caso o problema não seja solucionado.

6. Faça um brainstorming para conceber opções para solucionar o problema. Esclareça as vantagens e as desvantagens de cada opção.

7. Escolha o método mais eficaz para selecionar uma opção. Considere os principais fatores envolvidos na escolha, tais como tempo, recursos, finanças, valores e daí em diante.

8. Chegue a um consenso – mesmo que não seja total – quanto a uma solução ou a uma forma de gerenciar o problema.

Alguns problemas são complexos ou delicados demais para serem resolvidos numa única reunião ao vivo ("Precisamos descobrir como reduzir nossos custos com pessoal em 25% nos próximos dois anos..."), mas você pode pelo menos adiantar suas reflexões e fazer um brainstorming com o grupo. Depois da reunião, atribua tarefas individuais baseadas nas melhores ideias a cada colaborador, para que eles possam pesquisar mais sobre as soluções propostas e apresentar suas conclusões num encontro futuro.

Tomando uma decisão

Reuniões de tomadas de decisão podem ser complicadas, pois há uma linha tênue entre estimular as pessoas a perceberem a ocasião como um engajamento colaborativo de autoridade e fazê-las efetivamente tomarem a decisão (que nem sempre pode ter sido a opção mais popular entre o grupo). Ao realizar uma reunião desse tipo, você demonstra implicitamente que a opinião e a adesão da equipe são importantes. Portanto, você não pode realizar uma reunião que soe apenas como um encontro para obter informações ou para estimular os participantes a endossarem algo que já está decidido. Isso vai arruinar todo o propósito.

Em vez disso, você precisa ser muito claro – para si e para o grupo – sobre os caminhos para se tomar a decisão, sobre seu papel como líder e sobre quanto você quer que o grupo assuma a responsabilidade. Se você reservar tempo antes da reunião para os passos a seguir, tudo transcorrerá, se não mais tranquilamente, pelo menos de forma mais previsível.

- Deixe claro para os participantes que o propósito da reunião é tomar uma decisão. Isso garantirá a presença de todos (há muito em jogo), além do interesse pessoal de muitos para se preparar e participar da reunião.

- Explique exatamente qual processo de tomada de decisões será adotado. ("Esta será uma reunião com voto majoritário" ou "Tomarei a decisão ao final, mas quero a opinião de vocês", por exemplo.)

- Apresente os fatos com antecedência. Quando você marca uma reunião para tomar uma decisão, é crucial que isso aconteça com todas as informações de base e opiniões de especialistas relevantes. Do contrário, você corre o risco de tomar uma decisão equivocada e depois ter que rever a escolha ou conviver com as consequências.

Tomando uma decisão durante a reunião

Se seu objetivo é sair da reunião com uma decisão tomada, há três abordagens possíveis. Cada uma delas carrega benefícios e desvantagens, conforme é apresentado na Tabela 1 (ver página 90).

Reuniões virtuais

Hoje, no modelo de trabalho global e flexível, vídeo ou teleconferências são cada vez mais comuns. No papel de líder de uma reunião virtual, você precisará prever desafios que surgirão com a presença de participantes remotos para evitar que se sintam excluídos ou que queiram demonstrar que estão presentes e dominam o tema da reunião mesmo sem ter uma noção clara do ambiente.

É possível conduzir uma ótima reunião virtual mesmo quando *todos* os participantes estão distantes uns dos outros. É uma utilização eficiente do tempo e perfeitamente capaz de construir uma noção de trabalho de equipe e camaradagem entre colegas que não se veem todos os dias. A tecnologia é capaz de ampliar a colaboração: você pode usar ferramentas que permitam a criação de um quadro branco virtual, uma votação anônima, a abertura de um chat para discussões paralelas, etc.

Virtual, no entanto, não significa casual. Considerando os desafios associados a uma reunião virtual, é melhor planejar tudo de forma ainda mais cuidadosa.

Aqui estão algumas dicas para tornar sua reunião virtual o mais produtiva possível:

- *Use o vídeo*. Se os participantes remotos ficarem apenas escutando via telefone com viva voz, não vão participar tão plenamente. Podem até ter boas intenções, mas é muito fácil não prestar atenção numa reunião quando se sabe que ninguém está sendo observado. Resultado: o profissional então fica propenso a se distanciar da conversa porque seus colegas podem ouvi-lo mas não vê-lo. Portanto, sempre que possível, insista para usar vídeo. Isso não só elimina a chance de as pessoas prestarem atenção de forma parcial como permite que todos captem as reações mutuamente. Não há nada pior do que reagir com seriedade a uma piada que você não percebeu ser uma piada ou vice-versa.

Ao ver os rostos e a linguagem corporal das pessoas, você pode avaliar como elas estão se sentindo.

- *Proíba a função "silencioso".* Se existe algo que mata o fluxo de qualquer reunião virtual é o silêncio absoluto após uma piada porque as pessoas silenciaram o áudio. E mais: o modo silencioso desencoraja discussões espontâneas. Obviamente, se alguém estiver num ambiente barulhento como um terminal de aeroporto, a função silencioso pode ajudar a evitar perturbações, mas lembre aos participantes logo no começo da reunião que essas ocorrências devem ser exceção, não a regra.

- *Não tenha oradores e ouvintes.* Moderar a conversa para envolver todos os participantes é ainda mais importante nas reuniões virtuais. Para incorporar todos os pontos de vista, adote livremente as sugestões do capítulo "Conduzindo a reunião" (página 49), já abordadas aqui. Não permita que os participantes presentes fisicamente sejam os únicos a falar ou assumir responsabilidades. Você pode atribuir com antecedência tarefas aos participantes, até os remotos, como gerenciador do quadro branco (o que pode ser feito eletronicamente), gerenciador do cronograma de perguntas e respostas, secretário, etc. Faça um rodízio das funções para manter todos envolvidos.

- *Torne uma reunião parcialmente virtual totalmente virtual.* A dinâmica de uma reunião virtual pode ser comprometida caso algumas pessoas estejam fisicamente presentes e possam ver e conversar umas com as outras off-line. Se apenas uma pessoa estiver separada do restante, considere pedir a todos que participem de suas mesas: isso significa que ninguém se beneficiará indevidamente de conversas paralelas ou expressões faciais.

Quando o virtual não é satisfatório

Nem todos os tópicos são apropriados para uma reunião virtual. Se o assunto é um acontecimento que pode afetar o emprego das pessoas,

TABELA 1

Escolhendo um método de decisão

Método de decisão	Vantagens	Desvantagens	Quando é adequado
Decisão por voto majoritário	• Em geral possibilita uma decisão num período relativamente curto • Costuma ser considerado um modo justo de decidir as coisas	• Gera "vencedores" e "perdedores" públicos • Perdedores sentem que suas vozes não foram ouvidas • Pode não terminar com adesão total	Se a decisão for afetar muitas pessoas e não for crucial para as operações diárias de seu negócio (como orçamentos ou um cliente importante) Por exemplo, você pode decidir a melhor maneira de organizar as prioridades de férias (quem vai escolher primeiro quando poderá sair de férias?)

Decisão por meio de consenso Consenso significa chegar a uma decisão que *todos* compreendam, apoiem e ajudem a implementar. Pode ser que individualmente alguns ainda sintam que outras opções são preferíveis, mas um *consenso genuíno* existe quando todos os membros concordam quanto a um curso de ação específico	• Em geral resulta em total compreensão da decisão e de suas implicações por todos os participantes • Maior chance de adesão	• Costuma ser mais difícil de alcançar, principalmente se o grupo não estiver familiarizado com o processo • Em geral leva mais tempo do que outras abordagens e tomadas de decisão • Caso não haja consenso, isso interrompe o processo rumo à decisão	Decisões por consenso são aconselháveis quando: • A mudança necessária exige a compreensão e a adesão de todas as partes • A decisão exige o conhecimento de todo o grupo para ser projetada ou implementada • O próprio grupo é versado na arte de tomar decisões por consenso Por exemplo, se você necessita que sua equipe concorde em reformular drasticamente a maneira como os projetos são feitos para atender às exigências do cliente com mais rapidez, todos na equipe precisam crer que o novo fluxo de trabalho realmente dará certo, mesmo levando em conta os desafios e que eles, pessoalmente, possam fazer sua parte no fluxo da cadeia de trabalho. Se alguém não considerar o novo plano realista ou factível, por exemplo, você não tem um consenso genuíno e provavelmente o novo plano está fadado ao fracasso.

(continua)

(continuação)

Método de decisão	Vantagens	Desvantagens	Quando é adequado
O líder decide	• A abordagem mais rápida de tomada de decisão. Quando o tempo é curto ou há uma crise vigente, esta pode ser a melhor opção • Os participantes vão terminar respeitando o líder e a decisão se compreenderem as motivações por trás dela	• Os participantes podem sentir que seus pontos de vista foram ignorados, principalmente se não tiveram a oportunidade de declarar suas ideias • A adesão dos participantes é menos provável do que nas outras abordagens de tomada de decisão	Uma das tarefas principais de um líder é saber quando e como tomar decisões difíceis. Às vezes um grupo simplesmente não consegue concordar quanto aos avanços de um plano, nem por voto majoritário nem por consenso. É aí que se revela crucial para um líder estar disposto a tomar uma decisão e instituir seu cumprimento. Se você conduziu sua reunião com eficiência, sua equipe vai sentir que foi ouvida e avaliada e vai apoiar sua decisão no final, ainda que pudesse ter escolhido um caminho diferente. Por exemplo, quando surgir trabalho extra para o seu grupo já sobrecarregado, é improvável que todos concordem por consenso em apontar o grupo de indivíduos que vão precisar fazer as horas extras para cumprir as tarefas. Pode ser que você, como líder, precise tomar conhecimento da perspectiva e da carga de trabalho de cada um, para só então tomar a decisão quanto a quem realmente será capaz de lidar melhor com as exigências extras.

por exemplo, é melhor realizar reuniões individuais, mesmo que por telefone, do que dar as péssimas notícias virtualmente. Ninguém quer ficar exposto diante dos colegas ao receber notícias que vão causar um impacto tão profundo. É impessoal demais.

Caso você esteja informando aos funcionários sobre demissões em outra parte da empresa, tudo bem fazer isso em grupo, mas tente ter todos na sala com você. (Mais uma vez, não informe a um funcionário que *ele* está sendo demitido numa reunião coletiva – isso deve ser feito individualmente.) Se alguém não puder comparecer, programe-se para contatar a pessoa por telefone ou videoconferência imediatamente após a reunião.

Às vezes a energia exigida para um brainstorming ou para o desenvolvimento de ideias arrojadas simplesmente flui melhor com pessoas juntas numa sala. E às vezes implica convocar uma reunião especial fora da empresa ou pedir às pessoas que vão até o escritório (com alguma antecedência), se possível. Reflita sobre o que você pode realizar virtualmente – e o que não pode – antes de escolher o formato certo para sua reunião.

Quando boas reuniões saem dos trilhos e como recuperá-las

Quando boas reuniões saem dos trilhos e como recuperá-las

INFELIZMENTE, MESMO QUE você tenha seguido todas as orientações para conduzir uma reunião eficiente, as coisas ainda podem dar errado. Afinal de contas, você está lidando com seres humanos. Eles podem atrapalhar até a pauta mais cuidadosamente planejada.

A melhor maneira de lidar com problemas é se preparando para eles e refletindo sobre os participantes propensos a causar confusão. Se você sabe que haverá tagarelas entre os presentes, antes da reunião peça-lhes que concentrem os comentários num aspecto específico no qual você valorize a opinião deles. Se algum deles passa o tempo todo fazendo críticas, anexe ao convite para a reunião uma sugestão para que ele conduza a discussão sobre um aspecto específico de sua decisão.

O que fazer quando...

As técnicas de intervenção a seguir podem servir como medidas emergenciais para ajudar a colocar o grupo – ou um indivíduo – de volta nos eixos no meio da reunião.

Participantes chegam atrasados ou vão embora antes da hora

- Inicie e termine as reuniões no horário definido. As pessoas passarão a respeitar os cronogramas e os limites.

- Atribua aos participantes (especialmente àqueles que têm o hábito de chegar atrasados) uma tarefa para ser executada durante a sessão. Quando você recebe uma atribuição, passa a fazer de tudo para não chegar atrasado e para deixar tudo pronto a tempo.

- Logo no início, pergunte ao grupo se todos podem permanecer até o horário determinado para o encerramento. Se não puderem, considere ajustar a duração da reunião. Evite que as pessoas saiam antes da hora.

- Depois da reunião, em particular, pergunte à pessoa por que ela perdeu parte da sessão. Descubra as causas subjacentes ao comportamento, se possível.

Um participante domina a reunião

- Se você estiver de pé, aproxime-se da pessoa. O gesto tende a atrair a atenção do grupo para *você* e a *desviá-la* de quem está falando.

- Agradeça a ela por sua opinião e chame outra pessoa para falar.

- Se a pessoa tiver mania de concluir as frases dos colegas, incentive-a a deixar os outros terminarem de falar.

- Peça ao grupo que troque de papéis, de modo que as pessoas quietas falem e aquelas que estavam opinando permaneçam em silêncio por algum tempo.

- Durante um intervalo, peça aos colegas que mais interrompem a reunião para anotarem o que estão pensando e oferecerem sua contribuição quando houver outra pausa.

O grupo continua repetindo pontos já apresentados

- Mantenha um registro das ideias num *flip-chart* ou num quadro branco.

- Confirme que você entendeu as ideias apresentadas "ouvindo ativamente". Isso significa reafirmar as ideias dizendo coisas como "Pelo que entendi, você está dizendo que...", depois repetir de volta para o participante um resumo razoável e preciso do que ele comentou.

- Quando alguém começar a falar sobre uma ideia que já foi listada, aponte para o *flip-chart* ou o quadro branco e pergunte algo como: "Parece que já cobrimos esse ponto. Você deseja acrescentar algo novo?"

- Se as pessoas continuarem retornando a um ponto específico, você pode resolver de imediato, dizendo algo como: "Bem, isso obviamente é importante para o grupo, então vamos tratar do assunto de uma vez."

Participantes atrapalham a reunião

- Explique as regras básicas de comportamento logo no começo.

- Faça uma pergunta e inclua os transgressores entre as pessoas cuja opinião você gostaria de ouvir.

- Tente pedir foco dizendo algo como: "Nosso propósito hoje é elaborar uma estratégia de inovação para o ano. Podemos, por favor, nos concentrar nisso?"

- Faça associações novas. Se vocês já concordaram sobre o que será discutido e ainda assim alguém aparentar estar fora dos eixos, peça que essa pessoa explique como os tópicos estão relacionados. Você pode passar a conhecer uma correlação na qual não tinha pensado até então. Se for esse o caso, permita que a equipe decida se quer explorar a ideia agora ou, se não tiver conexão com a pauta mas ainda assim for importante, em uma reunião futura.

- Se o problema persistir, faça um intervalo e pergunte em particular o que está acontecendo. Descubra as razões para o incômodo e, se necessário, solicite diretamente às pessoas que estão atrapalhando que parem. Diga que pretende abordar qualquer preocupação legítima depois da reunião.

O grupo fica empacado ou confuso

- Pergunte ao grupo o que está acontecendo ou se há algo que não estejam entendendo ou com falta de informações.

- Lembre ao grupo qual é o item em pauta e quais são os objetivos específicos desse item. Pergunte se há um ponto ou problema importante que não tenha sido considerado.

- Sugira um breve intervalo. Depois, retorne ao tópico em questão ou postergue-o na pauta ou até para uma reunião futura.

- Se tudo o mais falhar, remova o item da pauta. Você não precisa ser um super-herói – seu objetivo é tornar sua reunião produtiva. Se algo não estiver maduro para uma boa discussão, repense num jeito mais adequado de abordar a questão depois da reunião.

O grupo fica em silêncio

- Permita que o silêncio dure um minuto. O grupo pode precisar de tempo para refletir sobre uma ideia ou sobre a própria reação diante de uma questão qualquer, portanto aguarde antes de dar uma sugestão. Embora você possa querer que eles forneçam uma resposta imediata, leve em conta que comentários ponderados geralmente são feitos por participantes que têm tempo de organizar e articular as próprias reações. Não tenha medo do silêncio.

- Pergunte diretamente ao grupo: "Percebi que vocês ficaram em silêncio. Alguém pode me dizer o que está acontecendo?"

- Pergunte se alguém gostaria de esclarecer alguma coisa.

- Confirme com eles se você está ignorando um ponto ou uma questão importante ou se gerou algum tipo de confusão.

- Pense se *o seu* comportamento pode ser o problema. Pergunte a si mesmo se você manifestou uma opinião ou propôs uma solução preconcebida muito enfaticamente.

- Pergunte ao grupo se existe algo importante que todos estejam evitando discutir.

- Faça um pequeno intervalo para retomar o foco e recarregar as energias, mas deixe claro que, quando o intervalo terminar, você espera foco e conclusão. Não faça um intervalo longo – cinco minutos bastam. Quando passa disso, as pessoas tendem a ser absorvidas por outras tarefas ou a se desconectarem.

- Se o grupo parecer extenuado, cogite finalizar a reunião e remarcá-la.

O grupo não está encarando os problemas

O grupo pode estar evitando uma questão ou tentando se concentrar num determinado assunto (deixando de pensar em todos os outros) porque teme levantar uma questão em especial. Se você não perceber antes da reunião que tal problema existe, estará propenso a obter algumas pistas já na sala: participantes olhando atentamente para seus notebooks e se recusando a fazer contato visual com você, trocando olhares furtivos entre si ou começando a falar e se calando em seguida, num gesto de autocensura.

O problema pode ser um tema aparentemente difícil demais de abordar, um tabu polêmico demais para ser conversado ou que, se discutido, gere mais trabalho para a equipe. Por exemplo, se os participantes sabem que demitir um colaborador medíocre resolveria um problema, mas significaria ter que começar do zero com um novo, talvez ninguém queira trazer o assunto à tona. Ou pode ser que todos estejam preocupados com uma rodada iminente de demissões, de modo que ninguém está em sua melhor forma para uma reunião em grupo – mesmo que o tópico em questão não tenha nada a ver com isso.

Se você sabe ou desconfia que algo emocionalmente pesado está por trás da indisposição da equipe, talvez seja melhor abordar o problema individualmente, de forma particular, deixando todos livres para manifestarem emoções ou fazerem perguntas pessoais relacionadas à decisão. Se não for algo tão delicado, você precisará obrigar o grupo a avançar. Eis como fazê-lo:

- Se captar o problema, aborde-o a fim de fazer o grupo reagir e avançar. Depois, peça que todos expliquem detalhadamente a natureza do problema, da questão ou da oportunidade. Descubra há quanto tempo ele existe, quem está envolvido e quais são suas consequências. Lembre-se de agradecer a um participante caso ele levante um ponto de vista controverso ou diferente. Dessa maneira, você reforçará a ideia de que um debate construtivo é com frequência um bom modo de encontrar soluções.

- Informe ao grupo a importância de expor todas as opções, as preocupações e os problemas, mesmo que sejam difíceis. Deixe claro que não vai punir quem trouxer uma má notícia. É um impulso humano muito comum culpar o mensageiro, mas isso é errado. Portanto, não o faça. Melhor ainda: agradeça à pessoa que se mostrou corajosa o bastante para expor a situação delicada.

Caso ocorram conflitos reais e enfurecidos:

- Ordene o fim imediato de qualquer discussão.

- Se necessário, faça uma pausa e fale com os envolvidos separadamente.

- Informe a todos os membros que tudo bem ser passional, mas peça às pessoas destemperadas que lidem com seus problemas fora da sala de reuniões.

- Reforce as regras e normas básicas de comportamento estabelecidas no começo da reunião.

- Estimule os membros a manterem seus comentários positivos e construtivos, e a tentarem enxergar todos os lados de uma questão conflituosa.

- Concentre-se na essência das ideias ou opiniões – não no estilo pessoal ou na posição que o colaborador ocupa na empresa.

- Evite que os membros avaliem ou julguem as ideias dos outros rápido demais. Por exemplo, caso pareça que todas as ideias sugeridas por um indivíduo estão sendo atacadas pelos outros, você pode dizer: "Bem, essa é uma ideia. Não vamos avaliá-la ainda. Vamos anotá-la e ouvir as reações mais tarde."

- Recorra a perguntas exploratórias para tirar os membros da zona de conforto e para ajudar a descobrir os problemas subjacentes. "Pense comigo: o que aconteceria se seu grupo concordasse em assumir essas novas responsabilidades?"

- Como último recurso, peça aos indivíduos mais conflituosos que abandonem a reunião e deixe-os a par de tudo posteriormente.

Como líder, você é responsável por evitar desperdício de tempo (seu ou dos outros participantes) e pelo bom andamento da reunião. Esteja preparado para problemas e desafios, mas mantenha a calma e lembre a si mesmo – e à sua equipe – que seu objetivo é realizar uma sessão produtiva e que você deseja manter todos concentrados numa conversa saudável.

Saiba mais

Lições rápidas

Ashkenas, Ron. "Why We Secretly Love Meetings: The Status and Social Drive Beyond the Agenda". *Harvard Business Review Blog Network*, 5 de outubro de 2010.

Muitas vezes nós nos concentramos nos aspectos negativos das reuniões. Ashkenas nos lembra de um segredinho sujo – que na verdade *gostamos* de reuniões – e explica por que esses encontros são valiosos de uma perspectiva social.

Silverman, David. "The 50-Minute Meeting". *Harvard Business Review Blog Network*, 6 de agosto de 2009.

Se os estudantes têm um momento para respirar entre as aulas, por que isso não pode acontecer com os adultos durante as reuniões? A sugestão de Silverman de incluir o "tempo de viagem" quando marcar suas reuniões é fácil de entender – e é complementada por uma série de comentários de leitores que fornecem ainda mais dicas de como planejar o tempo.

Trapani, Gina. "Extreme Ways to Shorten and Reduce Meetings". *Harvard Business Review Blog Network*, 20 de julho de 2009.

Às vezes, orientações padronizadas não fornecem ajuda suficiente quando se trata de manter as coisas breves e simples. Trapani sugere algumas táticas mais agressivas para manter o andamento da reunião – e para escolher a duração ideal, antes de mais nada.

Livros

Dunne, Patrick. *Running Board Meetings: How to Get the Most from Them*. 3. ed. Londres: Kogan Page Ltd., 2005.

Conselhos específicos para reuniões de diretoria a fim de tornar o período da sessão mais produtivo.

Hass, Kathleen B. e Zavala, Alice. *The Art and Power of Facilitation: Running Powerful Meetings (Business Analysis Essential Library)*. Vienna (VA): Management Concepts, Inc., 2007.

Mais conselhos voltados para analistas de negócios que precisam tornar mais práticas reuniões de demanda de requisitos.

Pittampalli, Al. *Read This before Our Next Meeting: The Modern Meeting Standard for Successful Organizations*. Do You Zoom, Inc./The Domino Project Powered by Amazon, 2011.

Pittampalli é impaciente quanto à maneira como conduzimos as reuniões no mundo acelerado atual, portanto estabelece um conjunto de regras para a "reunião moderna" – por exemplo, sempre deve começar e terminar no horário determinado, rejeitar os despreparados e não deve ser utilizada para tomar decisões.

Clássicos

Davis, Alison e Droppers, Kristi. "How Effective a Facilitator Are You?" *Harvard Management Communication Letter*, janeiro de 2000.

Esse questionário de autoavaliação desmascara alguns mitos populares sobre a facilitação eficiente de reuniões. As melhores reuniões ocorrem numa situação não hierárquica, na qual as pessoas podem falar livremente e a conversa é guiada, mas não controlada rigidamente.

Doyle, Michael e Strauss, David. *How to Make Meetings Work*. Nova York: Berkeley Publishing Group, 1993.

Doyle e Strauss enfatizam a presença de um facilitador como um líder de reunião neutro, bem como o valor do consenso para melhorar a qualidade das tomadas de decisão. Eles cobrem os conceitos básicos universais de condução de reuniões, assim como pontos especiais para lidar com dinâmicas interpessoais e de grupo.

Hattersley, Michael. "Managing Meeting Participation". *Harvard Management Communication Letter*, fevereiro de 1999.

A maioria dos gerentes passa boa parte de seu tempo em reuniões. Mas todas elas são mesmo necessárias? Comece se perguntando qual é o seu objetivo pessoal para a reunião, quais pautas ocultas podem existir e a quais conclusões deve-se chegar a partir do encontro com seus colaboradores.

Morgan, Nick. "The Effective Meeting: A Checklist for Success". *Harvard Management Communication Letter*, março de 2001.

As reuniões tornaram-se um alvo popular de piadas corporativas, sendo vistas muitas vezes como uma bela oportunidade para tirar um cochilo. Só que o termo "reunião produtiva" não precisa ser um paradoxo. Este livro pode ajudar você a garantir que suas reuniões gerem grandes conquistas e soluções úteis – em vez de bocejos e resmungos. O artigo inclui um quadro intitulado "Reformule suas reuniões recorrentes", que fornece dicas específicas para melhorar suas reuniões que ocorrem com regularidade.

Fontes

Ferrazzi, Keith. "Five Ways to Run Better Virtual Meetings". HBR Blog Network, 3 de maio de 2012. http://blogs.hbr.org/cs/2012/05/the_right_way_to_run_a_virtual.html.

Harvard Business School Publishing. Harvard Manage-Mentor. Boston: Harvard Business School Publishing, 2002.

Harvard Business School Publishing. *HBR Guide to Making Every Meeting Matter*. Boston: Harvard Business Review Press, 2011.

Harvard Business School Publishing. *Pocket Mentor: Running Meetings*. Boston: Harvard Business School Press, 2006.

Mankins, Michael C. "Stop Wasting Valuable Time". *Harvard Business Review*, setembro de 2004.

Schwarz, Roger. "Dealing with Team Members Who Derail Meetings". HBR Blog Network, 20 de setembro de 2013. http://blogs.hbr.org/2013/09/dealing-with-team-members-who-derail-meetings/.

CONHEÇA OUTROS LIVROS DA COLEÇÃO

Sua carreira em 20 minutos

Conversas desafiadoras

Quando você tem um problema, as pessoas lhe dizem para "falar a respeito", mas ninguém explica como fazer isso. Este livro ajudará você a passar da paralisia para a ação produtiva e a encontrar as palavras e os métodos certos para se expressar.

Você vai aprender primeiro a identificar quando há a necessidade de ter uma conversa difícil e depois as técnicas para destrinchar e compreender os pontos sensíveis que a compõem, para então elaborar uma abordagem eficiente, aberta a adequações.

Finalmente, você descobrirá como desenvolver habilidades proativas de comunicação – entre elas, pensar antes de falar, só tomar uma posição depois de escutar, conectar-se com as outras pessoas e abordar problemas diretamente –, tornando-se capaz de forjar relações muito mais transparentes e produtivas.

Gestão do tempo

Não existe uma abordagem de gestão do tempo que sirva para todos, pois cada indivíduo tem interesses, responsabilidades e personalidade diferentes. No entanto, existem boas práticas. Este livro ensina métodos simples e de sucesso comprovado para ficar em dia com seus compromissos – e vai direto ao ponto, para você não perder (mais) tempo.

Você aprenderá a fazer uma autoavaliação, definindo seus objetivos; desenvolver um plano para recuperar o controle do seu tempo; executar seu plano, organizando os compromissos em blocos de tarefas semelhantes.

Quando pegar o jeito, você perceberá que, com uma programação mais organizada, terá mais disponibilidade e energia para se concentrar nos projetos, habilidades e tarefas mais relevantes e gratificantes para você, seu chefe, sua equipe e sua empresa.

CONHEÇA OUTROS LIVROS DA HARVARD BUSINESS REVIEW

Coleção Inteligência Emocional

Resiliência

"Resiliência" se tornou a palavra da moda no mundo corporativo – e por uma boa razão.

A aptidão para se adaptar, crescer e prosperar em meio às adversidades tem sido a chave para o sucesso de muitas pessoas e para a existência de negócios duradouros.

Este livro ajudará você a entender como tirar lições mesmo das críticas mais amargas e se tornar capaz de enfrentar os diferentes estresses do dia a dia, abordando temas como:

- O mecanismo da resiliência
- Como avaliar, gerenciar e fortalecer sua resiliência
- Como grandes líderes se reergueram após desastres em suas carreiras

Empatia

A empatia é um fator crucial para melhorar os relacionamentos e até mesmo aprimorar o desenvolvimento de produtos.

Embora seja fácil dizer "basta se colocar no lugar do outro", entender as motivações e emoções das outras pessoas é um grande desafio.

Este livro ampliará sua compreensão da empatia e ajudará você a se tornar mais sensível às necessidades dos outros, abordando temas como:

- O que o Dalai Lama ensinou a Daniel Goleman sobre inteligência emocional
- Por que a compaixão é uma tática gerencial melhor do que a agressividade
- O que os bons ouvintes realmente fazem

Felicidade

Qual é a verdadeira natureza da felicidade e como podemos alcançá-la na vida profissional? Vale mesmo a pena persegui-la a todo custo?

Antigamente, acreditava-se que os sentimentos não tinham importância no trabalho. Hoje sabemos, com base em pesquisas, como as emoções influenciam a criatividade e a tomada de decisões. Pessoas felizes tendem a trabalhar melhor e a desenvolver relacionamentos mais saudáveis com os colegas.

Este livro apresenta princípios de gestão que constroem a felicidade no ambiente profissional e mostra como derrubar os mitos que impedem você de ser feliz em sua carreira, trazendo assuntos como:

- As pesquisas que ignoramos sobre felicidade no trabalho
- Como gerar um desempenho sustentável
- A ciência por trás do sorriso

Mindfulness

O mindfulness, ou atenção plena, é estudado há décadas em importantes centros de pesquisa e vem ganhando cada vez mais espaço em empresas e programas de liderança.

Seus benefícios incluem mais criatividade, melhor desempenho profissional e autoconsciência mais profunda, além de serenidade para lidar com conflitos e imprevistos.

Este livro oferece passos práticos para que você se sinta mais presente em sua rotina profissional e demonstra por que o mindfulness realmente funciona, tratando de temas como:

- Agilidade emocional
- Mindfulness para pessoas ocupadas demais para meditar
- Como o mindfulness pode mudar o seu cérebro

Coleção 10 leituras essenciais

Força mental

Selecionados entre centenas de textos da Harvard Business Review sobre o tema, estes 10 artigos reúnem as estratégias e os conceitos mais eficazes desenvolvidos por nomes consagrados nos estudos sobre força mental.

Com exemplos da vida real e uma entrevista bônus sobre resiliência com Martin Seligman, este livro aborda o gerenciamento do estresse sob os mais diversos ângulos.

Nele, você vai aprender a:

- alcançar seu melhor desempenho sob pressão, como os atletas olímpicos
- compreender e gerenciar as ferramentas que sua mente usa para se recuperar de contratempos
- planejar objetivos de curto prazo para atingir metas de longo prazo
- cercar-se de pessoas que farão com que dê o máximo de si mesmo

Gerenciando a si mesmo

A pergunta que serve de título para o celebrado texto de Clayton M. Christensen que abre este livro revela a profundidade e a contribuição das ideias que você encontrará nele.

Selecionados entre os mais relevantes da Harvard Business Review, os artigos de *Gerenciando a si mesmo* apresentam conceitos que farão você encarar os desafios pessoais e profissionais com clareza, objetividade e sabedoria.

Eles o ajudarão a traçar uma estratégia para sua vida e a investir seu tempo, sua energia e seu talento de acordo com seus objetivos maiores.

Você também irá aprender a:

- renovar sua energia física e mental
- reduzir a dispersão e a agitação frenética
- espalhar energia positiva em sua organização
- recuperar-se de momentos difíceis

CONHEÇA OS TÍTULOS DA *HARVARD BUSINESS REVIEW*

10 leituras essenciais

Desafios da gestão
Gerenciando pessoas
Gerenciando a si mesmo
Para novos gerentes
Inteligência emocional
Desafios da liderança
Lições de estratégia
Gerenciando vendas
Força mental

Um guia acima da média

Negociações eficazes
Apresentações convincentes
Como lidar com a política no trabalho
A arte de dar feedback
Faça o trabalho que precisa ser feito
A arte de escrever bem no trabalho

Sua carreira em 20 minutos

Conversas desafiadoras
Gestão do tempo
Feedbacks produtivos
Reuniões objetivas

Coleção Inteligência Emocional

Resiliência
Empatia
Mindfulness
Felicidade

Para saber mais sobre os títulos e autores da Editora Sextante,
visite o nosso site e siga as nossas redes sociais.
Além de informações sobre os próximos lançamentos,
você terá acesso a conteúdos exclusivos
e poderá participar de promoções e sorteios.

sextante.com.br